THIS COLORING BOOK
BELONGS TO

LACROSSE DINOSAUR

BASEBALL DINOSAUR

ROAR TOUCHDOWN!

GOLFING T-REX

KARATESAURUS

SURFING DINOSAUR

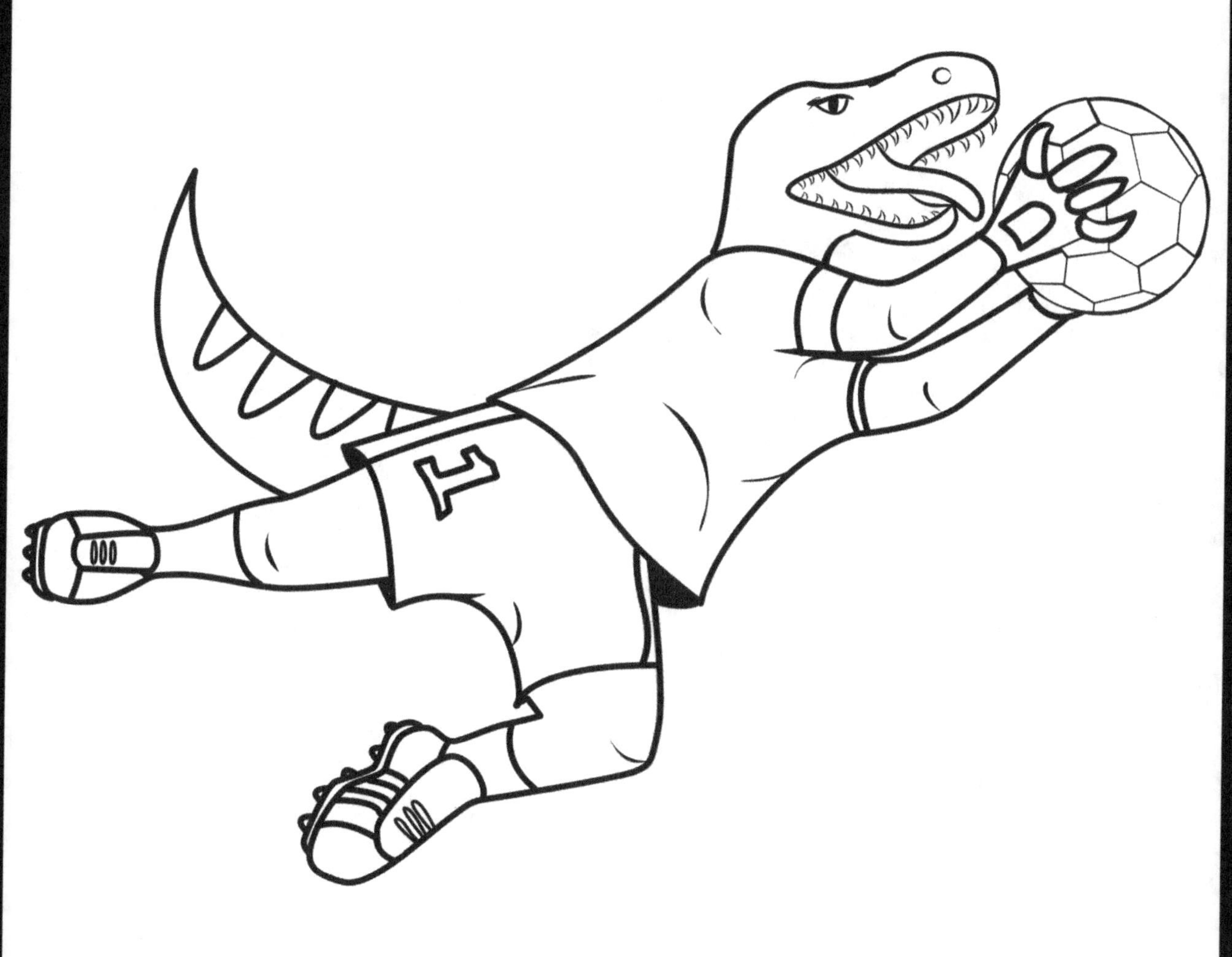

SOCCER GOALIE TREX

SLAM DUNKSAURUS

55

BASEBALL DINOSAUR

FOOTBALL DINO

BASKETBALL DINOSAUR

ROAR I SKATE!

ROAR I SCORE

TENNIS DINOSAUR

VOLLEYBALL T-REX

GOAL SAURUS

CRASH
BAMM!
POW

TAEKWONDO T-REX

BIKER DINOSAUR

HOCKEY DINOSAUR

POLE VAULT DINOSAUR

SKATER DINOSAUR

T-REX GUITAR PLAYER

DRUMMER DINOSAUR

ROLLER SKATE DINO

Vector